TANJA FLENTJE

GEBORGEN!

frauengebete

HERDER

FREIBURG · BASEL · WIEN

EINLADUNG

Geborgenheit kann in den Gebeten von Tanja Flentje erlebt, gespürt und gefunden werden als ein Schatz, der sich mitten im Leben befindet, hinter der Waschmaschine, im Supermarkt oder im Büro, und immer in der Begegnung mit Gott und mit sich selbst.

Die Gebete sind tiefe Berührungen:
Vom Himmel in die Kaffeetasse, vom Herzen ins Leben.
Sie beschreiben das Ringen darum, die Wirklichkeit anzunehmen, wie sie ist.
Eine Wirklichkeit, die zwischen Himmel und Erde im Herzen stattfindet.
Sie erzählen von dem Sieg, den Jesus für uns schon erkämpft hat.

Die Gebete bauen Brücken: von Kochen, Kindererziehung und Arbeit zu Freiheit, Liebe und den Geschenken Gottes.

Diese Brücken laden ein – in ihrer Schönheit, Einfachheit und kraftvollen Poesie –, sie zu betreten und immer wieder zu überqueren, da sie tragen und führen können: in die Wahrheit Gottes, in Sein Herz und in Seine Liebe.

GESCHENKT

Ich blicke nicht zu Dir
aber Du siehst mich

Ich höre Dir nicht zu
aber Du sprichst mit mir

Ich suche Trost bei Menschen
und Du hörst nicht auf, mich zu umarmen

Ich suche Anerkennung
Du schenkst mir Geborgenheit

Ich kann wegrennen, mich verstecken
oder Dich angreifen
ich kann Pflichten erfüllen
Dir meinen Dienst anbieten
zu Deinen Füßen sitzen

Ich kann Deine Liebe erkennen
wahrnehmen und erspüren
erfahren, erleben
in mein Leben hineinholen
und heraus strömen lassen

aber ich kann sie
weder verlieren
noch verdienen

Deine Liebe ist
geschenkt

EIN KLEINER TAG

So ein kleiner schlichter Tag
keine Abenteuer
keine Prüfung bestanden
morgens ein Brötchen
Küche aufgeräumt
mit dem Sohn um Englisch gekämpft
in die Bücherei gefahren
und die immer gleichen Bücher ausgeliehen
diesmal nur die anderen

Einkaufen, lachen
essen
in die Sonne geschaut, traurige Gedanken gehabt
mit dem Sohn ein Indianerhaus gebaut
Film gesehen, zwischendurch mal gestritten
schlafen

So ein kleiner schlichter Tag
Danke

DU UND ICH

Es geht
um Dich und mich
wir stehen im Herzen Deiner Geschichte
von der aus alles geschieht

Es geht
um Dich und mich
nicht darum, ob er angerufen hat,
mich liebt und wenn wie

Es geht
um Dich und mich
nicht darum, was ich erreichen und schaffen kann
nicht um mich

Es geht
um Dich und mich
nicht darum, ob und wovor ich Angst habe
und wie ich kämpfe

Es geht
um Dich und mich
nicht darum, was um mich her geschieht
welche Stürme über mein Leben ziehen

Es geht
um Dich und mich
ein Tanz in dem Du führst
und ich geführt werden will

Es geht
um Dich und mich
um Deine Liebe zu mir
und mein Vertrauen zu Dir

Es geht
um Dich und mich
schon immer
für ewig

FLIEGEN LERNEN

Wie lernt ein Engel fliegen?
wie ein Vogel, ein Spatz
wird er aus dem Himmelreich hinuntergestoßen
und muss mit seinen Flügeln schlagen
damit er nicht auf die Wirklichkeit prallt

Oder lernt er fliegen
wenn er gar nicht mehr anders kann
als zu fliegen
um jemanden
dich oder mich
oder sich selbst
zu retten

Vielleicht lernt ein Engel fliegen
wie wir das Laufen
er fällt hin, steht auf
fällt hin, steht auf
fällt hin und gibt nicht auf

Oder kann ein Engel fliegen
weil er weiß
dass er ein Engel ist
und alles kann
was er will
weil er an sich glaubt

HEISSE SCHOKOLADE

Danke Vater
für den dampfenden Becher heißen Kakao
den Du als Trost
für meine aufgeschürfte Seele bereitest

zu schnell, zu ungeduldig
ist sie ihren Erwartungen hinterhergerannt
um dann doch zu fallen

immer noch krank
immer noch alleine
immer noch keine Arbeit

Da sitzt die Seele auf dem Boden
und erkennt keinen Stolperstein

so traurig
so wütend
so hilflos
riecht sie die heiße Schokolade
umhüllt von der Liebe des Vaters

FRAGEN

Wenn die Liebe dich fragt
und du sagst Ja
lädst du Gott ein
dein Herz zu öffnen

Wenn Gott dich fragt
und du sagst Ja
lädst du die Liebe ein
dein Herz zu füllen

SEHNSUCHT

Wenn die grauen Herbstwolken
sich auf meine leichte Schulter legen
und ich schwer nehme
was in der Luft hängt

Wenn der Wind
meine Gedanken nimmt
und sie umher wirbelt wie buntes Herbstlaub
ohne Anfang und Ende

Wenn die Tränen
schon beim Frühstück
mit dem Brötchen verschluckt werden
und der Kaffeeduft unberührt stehen bleibt

Dann klopft mein Herz
dann kratzt mein Hals
die Hände zittern und tasten
die Augen suchen

Dich
mein Herz
das nur darauf wartet
mich allumfassend ins Herz zu schließen

Dich
mein Gott
der auf mich wartet
um mich herzlich willkommen zu heißen

STERNE

Wenn ich die Sterne am Himmel sehe
funkelnd in ihrer Pracht
dann danke ich Dir,
und wenn dunkle Wolken heranziehen
und bedecken meine Sicht
dann danke ich Dir

wenn ich Lachen höre
aus dem Mund meines Kindes
die Augen strahlend
dann danke ich Dir,
und wenn er missmutig Löcher starrt
in die Wand seiner Langeweile
dann danke ich Dir

wenn ich morgens frischen Kaffee rieche
und warme Brötchenkrümel im Bett verteile
dann danke ich Dir,
und wenn ich eine Scheibe Brot
schnell zwischendurch bei der Arbeit hinunterschlinge
dann danke ich Dir

wenn ich deine Liebe durch mich strömend spüre
und das Leben mich geborgen hält
dann danke ich Dir,
und wenn ich verzweifelt suche
in den Scherben nach Sinn und Frieden
dann danke ich Dir

für die Sterne

EIN STÜCK VOM HIMMEL

Unendlich dankbar
für die Momente
in denen Dein Glanz in meinem Leben erstrahlt
sichtbar
diese manchmal ganz kleinen Momente,
unscheinbar
scheinbar

wenn ich aus dem Blätterdach meines Urwaldes
plötzlich ein Stück vom Himmel sehen kann
und nicht nur glaube
sondern weiß
dass Du da bist

Dein Himmel über jedes Blattgewirr reicht
der von oben wacht
und mich mit Licht und Regen nährt

dann hat alles einen Sinn
ich bin nicht alleine
geliebt von Dir
der mir manchmal das Geschenk macht
ein Stück vom Himmel zu sehen

DEIN KIND

Erwachsen sein
indem ich Dein Kind werde

voller Vertrauen auf Dich schauen
und selber Entscheidungen treffen
ohne Angst
dass es falsch sein könnte
weil ich von Dir geliebt bin

mich von Dir trösten lassen
auf Deinem Schoß weinen
das Knie blutig
der Frust groß

und dann wieder losgehen
weiter machen
denn Du siehst mich
feuerst mich an

Du gibst mir Mut
wenn Du mir Schmerzen zumutest
Du schenkst mir Freude
inmitten von Leid
Du schenkst mir ein Eis
mitten im Winter

Erwachsen werden
indem ich Dein Kind bin

IMMER HÖHER

Da hast Du doch die Latte wieder höher gehängt,
unbemerkt von mir,
während ich mich gesonnt habe
in meinem Erfolg und Können.
„Krach!"

Schmerz zieht sich von meinem Knie in meine Seele.
„Warum bin ich gescheitert?"
„Wieso kann ich das nicht mehr?"
Scham- und versagensvoll wende ich mich an Gott.
„Häng die Latte wieder niedriger, bitte."
„Mach es leichter!"

Wende mich ab von Gott.
„Siehst Du nicht, dass das zu schwer ist für mich?"
Seufzend und allein gefühlt
wende ich mich dem Trainingsbuch zu,
das da plötzlich liegt.

Jetzt ist es meine Entscheidung,
zu üben.
Gott hat schon lange entschieden,
dass ich das kann.

MUSCHELSPLITTER

Der Sand,
der durch meine Hände rieselt,
sanft und weich,
ist durchsetzt
mit vielen zerbrochenen Muschelstücken.
Scharfe Ecken und Kanten
bleiben an den Fingern und Füßen hängen.

„Kaputt“,
denke ich,
diese Teilchen,
die verletzen können.
„Kaputt“,
diese zerbrochenen Teilchen,
auch in mir.

Ich weiß nicht, wohin damit,
die scharfen Kanten verletzen mein Inneres
und ich möchte sie wegschmeißen, auskippen.
Da sagst Du mir,
dass Du diese Trümmer haben möchtest,
als einen Teil von mir,
den Du ganz besonders liebst.

Weil Du sie neu zusammenfügen willst,
und gerade die zerbrochenen Teilchen strahlen
und schimmern im heiligen Glanz.

KUNSTWERKE

Ein Kunstwerk
wohl geformt
durch die Hände des Künstlers
erdacht und erschaffen
durch seinen Odem

und er raspelt ab
die Kanten des Stolzes
Ecken der Schuld
er drückt und knetet
bis Kontrolle und Unabhängigkeit weicher werden

selbst wenn wir von seiner Werkbank fallen
durch Krankheit, Verluste und Schmerz
hebt der Schöpfer uns immer wieder auf
feilt und glättet neu
jeden Sturz nutzt er

in seiner Kreativität
wird das Zerbrochene
zum genialen Kunstwerk

WIDERSPENSTIG

Du sagst
ich sei Dein Kind
Ich frage
auch wenn ich Deinen Erwartungen nicht entspreche?

Du sagst
ich sei geheiligt
Ich erwidere
aber erst wenn ich genug gebetet habe.

Du sagst
ich sei erlöst von Sünden
Ich seufze
denn da fallen mir neue Sünden ein.

Du sagst
ich könnte so zu Dir kommen wie ich bin
Ich verstecke mich
hinter meiner Ungenügsamkeit.

Du sagst
ich könnte Dir einfach mal zuhören und vertrauen
Ich suche
nach dem passenden Gegenargument.

PASTELL IN BUNT

Grau in Grau
stürmt der Wind in meine Gedanken
„Du bist alleine“
schallt es laut
vom blätterlosen Baumwipfel wider

Schwarz in Schwarz
trommelt der Regen in mein Herz
„Du bist ungeliebt“
tost es laut
vom wolkenschweren Himmel herab

Braun in Braun
schlammt der Morast in meinem Bauch
„Du bist wertlos“
gurgelt es laut
vom matschigen Boden herauf

Hart, laut und grell
sind die Stimmen der Vergangenheit
übertönen und decken die Seele zu
sie ziehen den Geist tief herab
ins bodenlose Niemandsland

Weich, leise und sanft
ist Deine Stimme der Gegenwart
Du bist da
Du bist Aufatmen und Willkommen
Deinen unverwandten Blick auf mir

Pastell in Bunt
schenkst Du mir die Freiheit
„Du bist geliebt“
flüsterst Du laut

LERNEN, ERFAHREN UND ERLEBEN

Tapfer lächle ich Dich an
Gott ist mit mir
sage ich
glaube ich
die Schmerzen sind auszuhalten
mit ihm

ich lerne
ich erfahre
ich erlebe
Gott ganz neu
und bin dankbar

aber die Schmerzen schmerzen
weiterhin
und ich weine
während ich lerne, erfahre und erlebe

Tapfer lächle ich Gott zu
und brülle ihn an
den Schmerz doch endlich zu nehmen
und ich verzweifle
fast
während ich lerne, erfahre und erlebe

und der Schmerz ist da
und die Liebe ist da
Verzweiflung vor der Tür
und Hoffnung
Glaube und Mutlosigkeit
stehen Hand in Hand

alles ist da
und ich kann mich entscheiden
jeden Tag
jede Minute neu
für mich
oder für Dich

GEWALTIGE GEBORGENHEIT

Es blitzt und kracht.
Gewaltige Tropfen schlagen an mein Fenster,
so plötzlich in finsterer Nacht.
Die Sorge,
ob die Wäsche noch draußen,
oder gar die Schuhe, das Buch?
Liege ich,
umhüllt im weichen Kissen,
geschützt und geborgen im Haus.

Und wie mein Körper sich entspannt,
so weiß ich,
tief einatmend,
dass auch meine Seele
geschützt und geborgen in der Hand
meines Vaters liegt.

Jedes Blitzen und Krachen,
gewaltige Tropfen
in finsterer Nacht,
kann die Seele,
umhüllt in weichem Kissen,
tief die Liebe Gottes einatmen,
ertragen, beobachten
und entspannen.

KARUSSELL

Ich drehe, drehe
drehe nur um mich
wie in einem Karussell
wird mir schwindelig

die Angst vor zu wenig und nicht genug
die bloße Hoffnung auf Liebe und Anerkennung
lässt mich wirbeln wie ein Derwisch
Dinge tun
nur um endlich wertvoll zu sein

nur Du
als Mittelpunkt meines Lebens
gibst mir Orientierung
und einen klaren Blick

so möchte ich lernen
Dich mehr zu lieben als mich
für Dich sterben zu können
um für Dich
und mich
zu leben

VERTRAUEN

Ich könnte Dir vertrauen
Dein ist der Weg
der das Tor zur Herrlichkeit
schon hier auf Erden öffnet

Ich könnte Dir vertrauen
und Dir glauben
dass Du mich schützt
und für mich sprichst

Ich könnte Dir vertrauen
und müsste dann nicht mehr kämpfen
für mich streiten
sondern auf Deinen Willen schauen

Ich könnte Dir vertrauen
Dein Reich bauen
ohne mich zu sorgen
weil Du mich versorgst

Ich könnte Dir vertrauen
und statt mich zu ängstigen
lieben
Dich und mich

Ich könnte Dir vertrauen

Ein kleines Leben

Ein kleines Leben lang
war ich glücklich
in mir
so ganz tief innen
auch wenn ich geweint habe
oder der Schmerz kam

Ein kleines Leben lang
fühlte ich mich geborgen
verstanden und angenommen
konnte lachen
weil ich weinen durfte

Ein kleines Leben lang
sechs Wochen
zwei
oder eine Stunde
in dem vieles gepasst hat
weil ich mich gesehen habe
und nicht die Erwartungen der anderen

Ein Leben lang
werde ich denken
an diese kleinen Leben
mittendrin
als Schatz gehütet
und kann vieles damit zahlen

AM KREUZ

Dort am Kreuz
das Leid
der Schmerz
die Freiheit

Dort am Kreuz
die Verbindung
zwischen Gott und mir
zwischen Dir und mir
zwischen meinem Herzen und meinem Verstand

Dort am Kreuz
berührt
wo ich Gott nicht vertraue
die Angst durchbohrt mein Herz
wie die Nägel Deine Hände

Dort am Kreuz
belastet
wo ich Gott nicht folge
vielleicht nicht würdig bin
und die Trauer mein Herz beschwert

Dort am Kreuz
wo Gott nicht genug ist
stehe ich blind
Leid und Schmerz mein Herz verhüllend
und ich mache mich abhängig von anderen

Dort am Kreuz
stehen Gott, Du und ich
immer wieder
in Leid und Angst
in Liebe und Barmherzigkeit

Dort am Kreuz
treffen sich die Wege
meines Herzens
meines Verstandes
und ich kann mich immer wieder entscheiden
für die Liebe

LICHT UND SCHATTEN

LICHT

das vor mir den dunklen Wald durchbricht
verlockend und strahlend
einen Schritt von mir
und ich kann mich in Deiner Wärme baden

Aber warum trete ich überhaupt hinaus
aus Deinem Licht?
Wie kommt es, dass ich plötzlich friere?
Eben stand ich doch noch in Deinem Licht
und habe genießerisch die Augen geschlossen

Doch so wie die Sonne den Himmel durchwandert
und immer neue Lichtungen im Wald schafft
so möchtest Du, dass auch ich wandere
mit dir
Deinem Geist folgend
wach und auf Dich gerichtet

Du bist der Schöpfer
Du bist unveränderlich
doch Du bewegst alles um uns herum
damit wir uns verändern können
und hell werden dürfen
ein bisschen wie Dein Licht

DIE SCHATTEN

die um mich herum nach mir greifen
finster und doch verlockend
einen Schritt von mir
und ich kann mich ins Dunkel fallen lassen
um unerkannt in meiner Schwäche zu baden

im Dunkeln fällt es nicht so auf
dass ich nicht so strahle
weil ich einen Becher aus Angst
über meine Helligkeit gestülpt habe
oder waren es die Zweifel?

Die Schatten huschen weiter
ständig in Bewegung
jedem Kreis des Lichts sind sie nah
eine Bemerkung, ein Schmerz, ein Gedanke
und ich kann hineinschlüpfen
und mich verstecken
vor mir, vor den Menschen
vor Gott

doch weil Du mich liebst
so wie ich bin
lässt Du sogar Bäume fällen
mit lautem Krachen stürzen sie um mich herum ein
Du wirfst Dein Licht auf mich
und hältst mir Deine Hand entgegen
in die ich mich fallen lassen kann
um erkannt in Deiner Geborgenheit zu baden

PARADIES

In Deinem Frieden schlendern
beim Kochen
Rasenmähen
oder im Büro

Dein Paradies
besteht
hier und jetzt
als der Ort
an dem ich zusammen bin
mit Dir
egal wo
egal was

Aber der Apfel hängt verführerisch in Reichweite
Unabhängigkeit, Kontrolle und Macht versprechend
und manches Mal
beiße ich herzhaft hinein
und fühle mich immer wieder vertrieben

Ich irre umher
im Schweiße meines Angesichts
und muss getrennt von Dir
alles alleine schaffen

Verloren und furchtsam
bin ich dann auf der Suche

Und Du stehst
Tag und Nacht
am Tor Deines Kreuzes
und lädst mich immer wieder ein
Dir ins Paradies zu folgen

Tag und Nacht
sind Deine Arme offen
und ich darf mich neu entscheiden
Dir zu folgen
Dich zu brauchen

LEBEN UND STERBEN

Für Dich
möchte ich leben,
von morgens früh bis abends spät.
An Deinem Reich möchte ich bauen,
pur, ganz unverblümt und ohne Ablenkung.

„Was koche ich heute?",
und Dein Reich scheint in weite Ferne zu rücken.

Ich möchte bewegen und verändern,
so vieles,
so viel, dass vielleicht jemand mal ein Buch
darüber schreibt?
Und die Herzen berühren
der anderen, die ich liebe,
nur nicht, wenn diese anderen gerade
in der Küche stehen
und darüber maulen, was es heute zu essen gibt.

Für Dich möchte ich leben,
habe aber Angst vor dem Sterben
meines Egos,
das nach Anerkennung und Macht sucht.
Deshalb schicke mich irgendwohin,
wo ich in Deinem Namen
Gutes für mich tun kann.

Neue Kleider

Ich möchte mich neu kleiden lassen
von Dir
in Deinem Gewand
doch muss ich vorher
die alten Sachen ausziehen

Nackt stünde ich dann da
in Deiner Gegenwart
und schämte mich
dass Du mich siehst

Voll Stolz
mich so nicht zeigen zu wollen
voll Angst
nicht würdig zu sein
voll Zorn
es noch nicht zu tragen

Weiß nicht
wer ich werde
wenn du mich neu einkleidest
ob es mir steht?

Deine Geige

Lass mich Deine Geige sein
wie ein Instrument möchte ich in Deiner Hand liegen
führe mich in Deiner Melodie
Meister in Klang und Harmonie

durch Dich kann ich erst erklingen
Freude, Entzücken und Begeisterung bringen

im Orchester Deiner Familie
kann ich teilhaben
Geborgenheit und Liebe erfahren

Schmerz und Tränen
Wut und Frust
können Ausdruck finden
in Schönheit

nur Deine Hand stimmt mich immer wieder neu
und lässt die verschiedenen Saiten
in mir perfekt zusammen schwingen

Und doch lasse ich mich so leicht beeinflussen
von Wärme und Kälte
von anderer Hand
verziehe mich in Missklang
mag mich selber kaum hören
verstumme

Doch immer kann ich bitten:
Nimm mich in Deine Hand
Richte mich neu
Spiele auf mir
Deine Melodie

GEFÜHLT

Du berührst Herzen
bringst Menschen zum Lachen und Weinen
Du reichst ihnen Freude und Taschentücher
Du spiegelst ihre Seelen

Und wir glauben, lieben und hoffen
Wir zweifeln, jammern und trauern

Mit unseren Gefühlen schwingen wir Dir entgegen
voller Dank und Hoffnung
schwingen von Dir weg
in Frust und Zorn

Sind wir verzweifelt und freudlos
gibt es keinen Gott
jubelnd und erfolgreich
ist er auf einmal wieder da

so wie ein Zauberer
oder vielleicht nur wie die Taube in seinem Hut

Und wir sehnen uns
selbst ein Zauberer zu sein
und verbringen unser Leben damit
Tricks und Kunststücke zu erlernen

während wir auf das richtige Gefühl warten
Gott zu glauben und zu vertrauen

WER

Bin ich Wer?
wenn ich an der Stirnseite sitze
und den Abend leite.

Bin ich Wer?
wenn ich in der Küche stehe
und für den guten Zweck backe.

Aber Wer?
wenn ich mit Dir zusammen bin.
Oder mit mir?

Wenn mein Bankkonto gefüllt ist?
ich adrett morgens zur Arbeit gehe,
der Mund rot?

Wer bin ich?
wenn ich lache
oder traurig meinen Schmerz schreie

Wer bin ich?
wenn ich mich nicht mehr frage
wer ich bin?
Höre ich auf zu sein?
Oder fange ich erst richtig an?

Ich bin
für Dich, Herr
geliebt
und dadurch Wer
nämlich Dein

GENUG

Ist es genug?
mit Dir
durch den Tag zu gehen
arbeiten, Kinder erziehen
mit Freunden sein

Bist Du nicht genug?
wenn die Arbeit schwer
das Kind anstrengend
die Freunde nicht da

Bin ich nicht genug?
wenn die Arbeit überfordert
das Kind mir meine Schwächen zeigt
die Freunde mich enttäuschen

Da mache ich schnell den Fernseher an
vergrabe mein Leben ins Buch
um mich zu entspannen
um wegzuschauen
denn es ist schwer
in Deinem Licht zu sehen
was Du schon lange bejahst
und meinen Stolz
in ein Kissen zu schlagen

LASSEN

Sich in das Leben fallen lassen
sich dem Leben überlassen
indem ich das Leben lasse
und mitgehe
mitschwinge

weil ich mich in Dich fallen lasse
mich Dir überlasse
indem ich Dich führen lasse
und folge
mitgehe

weil Du uns so liebst

MEIN GEIST IN DEINER HAND

Nimm meinen Geist in Deine Hände
nimm mein Herz in Deinen Geist
richte mich in Dankbarkeit
auf Deine Liebe hin
offenbare mir
Vertrauen in Dich

Lass mich meine Schwäche nehmen
die mich nach Dir ausstrecken lässt
lass mich ganz fest hängen
in Deiner Gnade
verwurzelt in Dir

Annehmen, lieben
abgeben, wandeln
lassen
in Liebe schauen
auf Dich
und mich
und die Waffen niederlegen

Eingehüllt in Dir
geborgen und geschützt
für eine Minute Luft holen
damit ich mich lieben lassen kann
von mir
und von Dir

GESCHENK

Ich schenke Dir
einen Fisch
getöpfert aus eigener Hand
mit einem Teelicht in seinem Herzen

Ich schenke Dir
einen Gruß, eine Freude
geschaffen aus eigener Hand
mit einem „Ich mag Dich“ in seinem Herzen

Ich schenke Dir
einen Fisch
der beim Trocknen leider geschrumpft ist
und das Teelicht nun nicht mehr passt

Ich schenke Dir
meine Liebe
entstanden durch Gottes Hand
geschrumpft, gewellt, ungerade
nicht vollkommen
aber von Herzen

BINDUNGEN

Unumwunden verbunden
verbindest Du meine Wunden
Du bindest meine Gedanken mit Deinem Wort
zu einer Schleife
die wieder gelöst
sich in guten Taten ausgießt

Du hilfst mir
die Angst zu überwinden
durch die Verbindung mit dem Heiligen Geist
die mich neu geboren werden lässt

aus Blau und Gelb
wird Grün
der Hoffnung
des Glaubens und der Liebe

aus mir und Dir
wird Leben

DEIN

Ich entscheide mich
für Deine Liebe
Ich entscheide mich
Dir zu vertrauen

weil ich weiß, dass Du
allmächtig, allgegenwärtig und treu bist

Du kennst mich
und hast mich im Blick

Ich stelle mich bewusst unter Deine Herrschaft
und mache mein Herz weit
für Deine Führung und Wahrheit

Vater
ich bin Dein Kind
Jesus
ich bin Deine Braut
Heiliger Geist
ich bin Dein Gefäß

Gott
ich bin Dein

MANCHMAL HABE ICH EINEN TRAUM

In diesem Traum
bin ich geliebt
so wie ich bin

In diesem Traum
werde ich beschützt und umsorgt
Ich bin so wertvoll und kostbar
wie eine seltene Blume
oder ein Diamant

In diesem Traum gibt es
keinen Streit
keine Abwertung
Ich bin nicht abhängig von leeren Versprechungen
verbiege mich, nicht um zu gefallen

Ich habe Kraft
Ich bin stark
Ich bin frei
und kann sogar fliegen

Manchmal wird dieser Traum sehr wirklich
wenn ich Dir ganz nah
wenn ich glaube
was Du uns sagst
und ich kann sogar fliegen
über meine Umstände hinweg
und gleite über meine Sorgen
wie ein Adler

Die Autorin

Tanja Flentje arbeitet als Sozialpädagogin bei der katholischen Familienbildungsstätte in Hannover. Sie ist Kunsttherapeutin und Mutter eines Sohnes.

In gleicher Ausstattung ist erschienen:

Gebete zum Schenken
im Verlag Herder:

Christa Spilling-Nöker,
Behütet! Psalmengebete
Gebunden | Durchgehend farbig
ISBN 978-3-451-30937-3

www.herder.de

Umschlaggestaltung: wunderlichundweigand.de
Umschlagmotiv: Photocase/jala
Innengestaltung: UNI Medienservice, Britta Nickel-Uhe

Fotos im Innenteil:
© UNI Medienservice: S. 6, 13, 21, 22, 26, 29, 33, 34, 38, 41, 46
MEV-Verlag: S. 9, 10, 14, 42
ccvision: S. 2, 5, 17, 18, 25, 37, 45
fotosearch: S. 30
Autorenfoto Tanja Flentje: privat. Alle Rechte vorbehalten

Herstellung:
FINIDR, s.r.o.

Gedruckt auf umweltfreundlichem,
chlorfrei gebleichtem Papier

Printed in the Czech Republic

ISBN 978-3-451-30935-9